AF365194

LA MUERTE RESPONDE

BLOKING

ISBN: 9781541399204

ESTIMADO POETA BL0KING, HE LEÍDO CON DETENIMIENTO E INTERÉS LOS CIEN POEMAS QUE ME DEDICASTE EN TU ANTERIOR OBRA. CIERTO ES QUE SUSURRÉ A TUS MUSAS MIS TRES PRIMEROS MONÓLOGOS, PERO AÚN ASÍ, CREO QUE MERECES UNA RESPUESTA.

PRIMERO VOY A HABLARTE DE FORMA CRÍPTICA Y OSCURA, SON UNOS PRIMEROS VERSOS DE CONTACTO PARA ROMPER EL HIELO ENTRE TU CURIOSIDAD Y MI GÉLIDA PRESENCIA.

NO ES FÁCIL EXPLICAR LO INCOGNOSCIBLE PERO VOY A INTENTAR, A PESAR DE ELLO, TRANSMITIRTE LA ESENCIA DE LA SAVIA DEL MISTERIO QUE IRREMISIBLEMENTE ME RODEA.

BUCLE

SILENCIO

OSCURIDAD LATENTE

INQUIETANTE TABÚ

BUCLE

INFINITO

KARMA TANGENCIAL

MAR OCULTO

SED

DESIERTO

CACTUS DESAFIANTE

ESQUELETO DE LUZ

CUMBRE

GRAN ABISMO

DIOS PIRAMIDAL

ÁNGEL SÚCUBO

FE

DARK

PARA SER ETERNO

Y TRASCENDER

EL POETA SOLITARIO

INUNDÓ EL INFINITO

DE VERSOS

Y DESPUÉS SE ACOSTÓ

EN LA LUNA MENGUANTE.

Y EMPEZÓ A SOÑAR

CON UN AGUJERO NEGRO

QUE LE HICIERA COMPAÑÍA.

Y SU NUEVO Y DARK AMIGO,

TAL COMO SE PREVEÍA,

ACABÓ POR DEVORARLE.

LA HUMEDAD

LA HUMEDAD ES SINIESTRA
COMO VIEJA GUADAÑA,
PUES CERCENA INFINITOS
CON ESPORAS MELLADAS.

SU FILO ES LA CARCOMA
QUE DEVORA GALAXIAS
DE ESTRELLAS DE MADERA
GRAVITANDO EN EL ALMA.

SE NUTRE DE LAS SOMBRAS
DE LAS ZONAS MOJADAS,
DE RINCONES OSCUROS
DONDE LA LLUVIA CAMPA.

Y FAGOCITA LIBROS
CON MOHOSAS ESPADAS,
VERDES COMO LOS CAMPOS
DONDE PASTAN LAS VACAS.

LA HUMEDAD ES LA MUERTE
DISFRAZADA DE AGUA,
ES UN LÍQUIDO BESO
EN SU BOCA DE ESCARCHA.

EN SU GÉLIDO VIENTO
INOCULO MI PLASMA,
LA SANGRE ES HUMEDAD
FLUYENDO ENTRE ESPERANZAS.

EIKOSAEDRON

EL ICOSAEDRO ESTÁ EN EL AIRE,

LA GRAVITACIÓN NO LE SEDUCE.

LE EXCITAN MÁS LAS FUERZAS TENEBROSAS

DE LA MATERIA ETERNA IRRESOLUBLE.

LOS SILENCIOS SON PUENTES INVISIBLES

SOBRE MARES DE UNIVERSOS PARALELOS,

LA MECÁNICA CUÁNTICA SE DILUYE

EN FRACTALES DE FOTONES SOBRE EL TIEMPO.

ELECTROMAGNETISMO ENTRE SUS VÉRTICES

ROTANDO SOBRE UN CAOS DE ENTROPÍA.

LA ESPIRAL SE TORNARÁ EN PARTÍCULAS

EN UN COLAPSO DE LUZ Y DE ENERGÍA.

UN PÚLSAR ABDUCIRÁ SU CENTRO

CON RADIOACTIVIDAD ILIMITADA.

NO HAY NADA QUE HAGA SOMBRA A SU PODER,

TAN SOLO LOS RELÁMPAGOS DEL ALMA.

TRIÁNGULOS UNIDOS POR ARISTAS,
VEINTE CARAS DEL SÓLIDO PLATÓNICO,
DOCE VÉRTICES RASGANDO AL INFINITO
EN UN VIAJE FINAL CALEIDOSCÓPICO.

HACIA ZERO

48 BRUJAS REUNIDAS
47 CAMPOS DE EXTERMINIO

46 OLIVOS CETENARIOS
45 FORMAS DE SUICIDIO

44 RELÁMPAGOS DE SANGRE
43 METÁFORAS HIRVIENDO

42 ESTROFAS ENDIABLADAS
41 ECLIPSES DE SELENIO

40 CALAVERAS EN LA CRIPTA
39 VÍRGENES DESCALZAS

38 ACORDES INARMÓNICOS
37 LÁTIGOS DE KARMA

36 PIRÁMIDES SILENTES
35 ORGASMOS DE PLATINO

34 ESPADAS EN LA FRAGUA
33 ARRITMIAS EN EL LIMO

32 CALAMBRES EN EL AGUA
31 DISTANCIAS INSALVABLES

30 DIRIGIBLES EN LA ATMÓSFERA
29 GUERRAS CON SUS TANQUES

28 SALAMANDRAS EN TU PELO
27 AUREOLAS DE SIROPE

26 BARRACUDAS ABISALES
25 NARANJAS Y LIMONES

24 CRISTALES EMPAÑADOS
23 GALAXIAS DE ESPERANZA

22 LIBÉLULAS DE ORO
21 SON LOS HIJOS DEL MAÑANA

20 CORAZONES EN TU PECHO
19 ANACONDAS EN EL FANGO

18 ES LA EDAD DE LA INOCENCIA
17 AFLUENTES DE TUS LABIOS

16 CORDILLERAS EN TU ESPALDA
15 TUMBAS CON FLORES MARCHITAS

14 CRISANTEMOS Y EPITAFIOS
13 ES SIEMPRE LA ESTANCIA MALDITA

12 HUEVOS DE FRÍOS REPTILES
11 LIANAS COLGANDO DE TI

10 ESPIGAS DE TRIGO EN LA TIERRA
9 TECLAS DE SUCIO MARFIL

8 RUNAS EN EL JEROGLÍFICO
7 LLAVES PROTEJEN AL TEMPLO

6 PELDAÑOS CRUJIENDO AL PISARLOS
5 SON LAS PUERTAS DEL INFIERNO

4 TORRES PRESENTA EL TABLERO
3 DRAGONES HABITAN EL CAOS

2 MITADES EN EL YIN Y EL YAN
1 PRELUDIO DE UN DIOS SIN BECUADROS

HAY TANTAS FORMAS DE MORIR,

TANTAS VARIANTES, TANTAS BIFURCACIONES

EN EL GRAN LABERINTO...

*QUE ELEGIR TRES DE ELLAS RESULTA POCO
REPRESENTATIVO.*

AÚN ASI AQUÍ TE DEJO TRES POEMAS

QUE TE PUEDEN APORTAR

DIFERENTES PUNTOS DE VISTA

A LA HORA DE ABORDAR ESTE TEMA.

MI LENGUAJE EMPIEZA A SER MÁS CLARO

PERO SIN PERDER LA OSCURIDAD NECESARIA

PARA SEGUIR ALIMENTANDO

A LAS DESNUDAS SOMBRAS.

APOCALIPSIS

.

.

UN BESO DIGITAL
CON LENGUAS ANALÓGICAS
DETIENE BITS DE TIEMPO.

.

DOS ROBOTS A LA PAR
SINCRONIZANDO VÓRTICES
DE PLACER EN SELENIO.

.

SE CALIENTA EL METAL
CON CARICIAS HIPNÓTICAS
DE FRECUENCIAS SIN FRENO.

.

BUCEANDO EN EL MAR
SE SOLAPAN SUS PÁLPITOS
FORJANDO UNOS Y CEROS.

.

.

.

010100101110000101100010110110101011111111000

.

.

.

SON PECES CIBERNÉTICOS
COPULANDO ALBEDRÍOS,
CON OLAS ESPUMOSAS
NACIDAS DE CIRCUITOS.

.

.

EL FUTURO SE CLONA
PARA PERPETUARSE,
HOY LA TECNOLOGÍA
HA LOGRADO SER MADRE.

.

.

LA BESTIA ESTÁ EN CAMINO,
EL SER HUMANO TIEMBLA,
EL FRÍO APOCALIPSIS
SE APROXIMA A LA TIERRA.

.

.

EL PUNTO DE INFLEXIÓN
HA SIDO SUPERADO,
REPITAMOS EL MANTRA:
"LOS ROBOTS SON LOS AMOS"

FAT

ERES GRASA IRREDENTA
QUE FAGOCITA
INGENTES CANTIDADES
DE VITAMINAS,
DE HIDRATOS DE CARBONO,
DE PROTEÍNAS,
DE SALES MINERALES
CON TU SALIVA.

ERES GORDA Y REDONDA
COMO LA LUNA
Y VIVES DEVORANDO
MIL CRIATURAS.

TU BOCA ES AGUJERO
NEGRO DE TUMBA
DONDE TODO LO ENGULLES
PARA TU GULA.

NO CREES EN MILAGROS
DE NUEVAS DIETAS
PORQUE TÚ ERES AMANTE
DE LOS PLACERES.

Y ENTRE MARES DE ESPUMAS
PARA TU LENGUA
DE AZÚCAR ESTERCOLAS
TU SEPULTURA.

GUERRA SANTA

VUELVO A LA PENUMBRA,
ARDE EL AIRE.
DESHAGO LOS CARTÍLAGOS
DEL SILENCIO.

VEO SILENTES SOMBRAS
DE CIPRESES
Y TUMBAS CORTEJANDO
A CRISANTEMOS.

FOSAS COMUNES LLENAS
DE INOCENTES,
EPITAFIOS BORRADOS
POR EL TIEMPO.

PEQUEÑOS FUEGOS FATUOS
POR LOS NIÑOS
QUE FUERON CERCENADOS
DE SUS JUEGOS.

EL ABISMO EXECRABLE
DE LAS GUERRAS
ES UN LAGO DE SANGRE
SOBRE EL TEMPLO.

LAS CRUCES SON SOLO
INTERSECCIONES
ENTRE SUEÑOS DE VIVOS
Y DE MUERTOS.

AVANZAMOS UN NIVEL.

EN LAS ESTROFAS, A MODO DE MIGUITAS DE PAN,

TE VOY DEJANDO PISTAS PARA QUE NO TE PIERDAS.

COMPRENDER ES PATINAR

SOBRE UNA FINA CAPA DE HIELO.

ARRIBA ESTÁ LA VIDA, Y ABAJO EL AGUA

CASI CONGELADA

QUE CONSTITUYE OTRO NIVEL DE ENERGÍA.

Y EN EL MEDIO YO, LA GÉLIDA MUERTE,

SEPARANDO AMBOS UNIVERSOS.

LA PREGUNTA ES:

—¿SABES CUÁL ES EL GROSOR

DEL HIELO QUE PISAS?

NO LO DUDES, SOLO YO CONOZCO LA RESPUESTA.

LAGO DE MERCURIO

ESCUCHA AL VIENTO.

TRAE CANTOS OLVIDADOS,

PALABRAS QUEBRADAS,

GRITOS CERCENADOS.

PROMESAS ROTAS,

AMORES FENECIDOS,

MARIPOSAS.

ESCUCHA ATENTO.

SON CADENCIAS HERMOSAS

DE SILENCIOS,

DE ESPESAS SOLEDADES,

DE LLANTOS Y ZOZOBRAS.

OYE AL VIENTO.

SON ECOS DE LAS ALMAS,

DOLORES ANTIGUOS,

ESPERANZAS.

ILUSIONES DE POLVO,

ÁCAROS DE MISTERIO,

EPITAFIOS BORRADOS

POR EL PERPETUO TIEMPO.

OYE LENTO.

NO TENGAS PRISA, AMIGO,

POR ENTENDERLO TODO.

SÉ PACIENTE,

CUAL LAGO DE MERCURIO

SILENCIOSO.

LA ADIVINA

UNA BOLA TRANSPARENTE

DONDE EL FUTURO SE MUESTRA

DE FORMA SINUOSA CUAL SERPIENTE,

HIPNOTIZANDO VERDES OJOS DE GITANA.

VIDENTE DE ALMAS ÁVIDAS DE AMORES

QUE PREGUNTAN AL DESTINO SI SU SUERTE

SERÁ PROPICIA CON GRANDES HORIZONTES

PORTADORES DE VIENTOS EN SUS MARES.

EL CRISTAL SE TORNA OPACIDAD

CUANDO EL TEMA A PREGUNTAR ROZA LA MUERTE,

LA PARCA SE HACE PULPO EN SU INTERIOR

Y CON SU TINTA LAS AGUAS OSCURECE.

POR ESO LA CAUTA PITONISA

NO JUEGA CON TEMAS DEL ABISMO

Y PREFIERE PERDER UNAS MONEDAS

A SENTIR EL ALIENTO DEL MALIGNO.

EL FUTURO ES ESFERA Y ES ELIPSE,

ES PIRÁMIDE EN LA LUZ DE REGIOS CIRIOS

ILUMINANDO AL CUBO PRIMIGENIO

DESDE LA SINUSOIDE DEL GRAN VÉRTICE.

DENTRO DEL DIAPASÓN

DENTRO DEL DIAPASÓN

VIBRA LA MUERTE,

EN FRECUENCIAS PROHIBIDAS

LATEN BEMOLES.

PENTAGRAMAS DE LUCES

SINUSOIDALES

ARAÑANDO SEGUNDOS

A OSCURAS NOCHES.

LOS ABISMOS AFILAN

BRAVOS COLMILLOS

QUE DESGARRAN CERTEZAS

CON FUERZA AGRESTE.

LOS SILENCIOS SE ESPESAN,

HIEL DE HORIZONTES,

ECLIPSE DE ESPERANZAS

Y NO AMANECE.

EL POZO

CLAVA TUS UÑAS

EN LA PARED DEL POZO
CUANDO ESTÉS EN EL FONDO

DE SU LÚGUBRE BASE,
CONTEMPLA EL GRAN CILINDRO

DE PIEDRAS ENLAZADAS
Y ARRIBA LAS ESTRELLAS

SOBRE UN MANTO AZABACHE.

RESPIRA LA HUMEDAD

QUE EMANA DE LA TIERRA
PENETRANDO EN TUS BRONQUIOS

COMO ESPORAS DE FUEGO,
SIENTE LOS VAPORES

DEL PÉRFIDO INFRAMUNDO
QUE ESCAPAN POR LAS GRIETAS

QUE CONFORMAN TU MIEDO.

Y CALLA,
MÉCETE EN SILENCIO
EN LA MECEDORA DE MIMBRES SIN EGO.

ASPIRA E INSPIRA,
MIENTRAS CAE LA NOCHE,
DE FORMA AUTOMÁTICA
TU PROPIO VENENO.

EL POZO ES DE AGUA,
Y TÚ ERES DE BARRO.
EL ALMA ES LA TIERRA,
LA LUZ SON LAS MANOS.

INEVITABLE

LA LUZ,
LOS SUEÑOS,
EL AMOR,
LA MUERTE,
EL DOLOR,
LA SUERTE.

¡QUÉ COMPLEJO ES TODO
Y QUÉ FÁCIL PARECE!

SIMPLIFICAR ES INEVITABLE
CUANDO FALTA TIEMPO
PARA COMPLETAR
NUESTRO ENORME PUZZLE.

LA VIDA ES COMPLEJA,
NACIÓ DEL AZAR
O DE LOS DESIGNIOS
DE LOS MISMOS DIOSES.

SEGUIMOS AVANZANDO.

AUNQUE CREAS QUE SIGUES

EN LA CASILLA DE SALIDA

LA META SE ESTÁ ACERCANDO CON PASO FIRME.

CERCENO ESPIGAS CON MI GUADAÑA

Y LAS VOY TRENZANDO EN LOS POEMAS.

LEES Y NO COMPRENDES, MIRAS Y NO VES

LO QUE LAS LETRAS SUSURRAN

DESDE LAS ÁRIDAS MESETAS DE MI MENTE.

CUANDO HAY SED DE INMORTALIDAD

NO HAY POZO CON AGUA QUE LA CALME,

NUNCA LO OLVIDES.

BIG TREE

EN EL AMOR ESTÁ EL ODIO,

EN LAS TINIEBLAS LA LUZ,

EN EL DEMONIO ESTÁ DIOS,

DE ALGÚN MODO.

EN LOS DEFECTOS VIRTUDES,

EN EL VACÍO INFINITOS,

EN LAS PALABRAS SILENCIOS,

EN LAS CERTEZAS ABISMOS.

EN LA VIDA ESTÁ LA MUERTE,

EN AMIGOS ENEMIGOS,

EN EL AZÚCAR LA SAL,

EN LA MEMORIA EL OLVIDO.

EN ALEGRÍAS ENOJOS,

EN LAS RISAS LAS TRISTEZAS,

EN EL ODIO NACE AMOR

DE ALGÚN MODO.

EN LOS ERRORES ACIERTOS,

EN LAS VICTORIAS FRACASOS,

EN LAS PACES VIVEN GUERRAS,

EN LAS FOSAS FUEGOS FATUOS.

EN EL PODER SUMISIÓN,

EN EGOISMO EMPATÍAS,

EN IGNORANCIA EL SABER,

EN LO POSIBLE UTOPÍAS.

EL ETERNO YIN Y YAN

CONECTANDO LOS CONTRARIOS,

RAMAS DEL LIBRE ALBEDRÍO

SOBRE EL TRONCO DEL GRAN ÁRBOL.

ESPEJISMOS

DISTINTO Y DISTANTE,
ASÍ ES EL REFLEJO
QUE ME DA EL ESPEJO
SI MIRO ADELANTE.

UN HÁLITO FRÍO
QUE EMPAÑA LA ESTANCIA
CON GOTAS DE ESCARCHA
Y GÉLIDO OLVIDO.

TAN SOLO EL ESPECTRO
TRANSPARENTA AL LIMBO
QUE DIVIDE ABISMOS
ENTRE CARNE Y HUESOS.

TUÉTANO DE ROSAS
COAGULANDO VIENTOS,
INVERTIDOS VERSOS
SOBRE NEGRAS SOMBRAS.

DISTANTE Y DISTINTO,
ASÍ ES EL REFLEJO
QUE ME DA EL ESPEJO
SI ADELANTE MIRO.

ONLY TIME

EXTRAÑO CUAL RELOJ CONGELADO,

RANCIO COMO EL PÉRFIDO OLVIDO,

LEJANO CUAL FUTURO INTANGIBLE,

MUTABLE COMO UN VIRUS MALDITO.

INSONDABLE CUAL POZO INFINITO,

LETAL COMO FLECHAS DE AMOR,

VERTICAL CUAL ANTIGUO OBELISCO,

OCULTO COMO EL OJO DE DIOS.

BÍFIDO COMO UN BESO DE JUDAS,

TENAZ CUAL PEQUEÑO CASTOR,

VISCOSO COMO PIEL DE ANACONDA,

GÉLIDO CUAL MÁRMOL DE LAS TUMBAS.

FLEXIBLE COMO UN JOVEN CARTÍLAGO,

MORTAL CUAL VELOZ GUILLOTINA,

EXACTO COMO CELDA EN COLMENA,

PRIMITIVO CUAL FÓSIL DE VIDA.

EXTRAÑO, RANCIO, MUTABLE, LEJANO,

INSONDABLE, LETAL, OCULTO, VERTICAL,

BÍFIDO, VISCOSO, GÉLIDO, TENAZ,

FLEXIBLE, MORTAL, PRIMITIVO, EXACTO.

VOLVAMOS A LO OSCURO,

A HORIZONTES PLAGADOS DE MISTERIO.

VEN, DAME LA MANO.

TE MOSTRARÉ ATALAYAS SEMPITERNAS

DESDE DONDE RENACEN LOS ABISMOS.

NO TENGAS MIEDO, SE ALIMENTA MI TINTA

DE LA SANGRE QUE PALPITA

EN CADA UNO DE TUS ESCALOFRÍOS.

CUANDO TODO ES DIFUSO SOLO QUEDA

RENDIRSE ANTE LAS OLAS QUE NACEN

DE LA LUZ DE LA INTUICIÓN.

CUBE

I

LAS PAREDES SE LLENAN DE FISURAS.

LAS ARAÑAS TAPIZAN LAS ESQUINAS.

LA CARCOMA DEVORA LOS ARMARIOS.

MI ALIENTO TRAE AROMA DE ESTRICNINA.

II

EL GEKO MIRA AHORA DESDE EL TECHO

CON SUS CANDENTES OJOS AMARILLOS.

EL AIRE GIME SOBRE EL VENTANAL

Y EL TIEMPO CREO QUE SE HA DETENIDO.

III

EL ESPEJO REFLEJA EL CRUCIFIJO.

LA LUZ ES MORTECINA EN SUCIAS LÁMPARAS.

LAS SEIS CARAS DEL DADO SE COMPRIMEN

Y YO ME MIMETIZO CON LAS SÁBANAS.

IV

LOS ÁCAROS HABITAN EL ESPACIO.

LA PUERTA NO SE HA ABIERTO DESDE EL DÍA

EN QUE ME DESPERTÉ DENTRO DEL CUBO

MIENTRAS SIGO BUSCANDO LA SALIDA.

V

HOY EN EL EXTERIOR SE ESCUCHAN RUIDOS.

MI VOZ DE INSECTO CLAMA EN ESTA CELDA.

ES INMINENTE LA METAMORFOSIS.

MI CORAZÓN PALPITA EN LA COLMENA.

VI

EN EL CAPULLO CRUJE LA CRISÁLIDA.

DOS ALAS ME ELEVAN DEL LABERINTO

MOSTRÁNDOME AGUJEROS DE GUSANO

QUE CREAN UN ATAJO HACIA EL ABISMO.

PARADOJA

—MAMÁ. ¿QUÉ ES UNA PARADOJA?

—TE DIRÉ UNA, HIJO MÍO:

LA MUERTE ES LA COSA MÁS SERIA QUE EXISTE

Y SIN EMBARGO

LAS CALAVERAS SIEMPRE SONRÍEN.

POEMA TRANSGRESOR

HUELE A MENTA EN EL AIRE
DE LAS ESTROFAS
QUE SE ENREDAN CUAL HIEDRA
ENTRE TUS ROCAS.

EL SABOR DE LOS VERSOS
ES DULCE NÉCTAR
ESPESO CUAL LA MIEL
DE LAS ABEJAS.

SU TACTO ES TERCIOPELO
DE VIRGEN LUNA
IMPLORANDO CARICIAS
CON SU TEXTURA.

LA POESÍA ARDE
SOBRE EMOCIONES
QUE NACEN ESPONTÁNEAS
COMO LAS FLORES.

Y QUEMA LAS PUPILAS
DE QUIEN LAS LEE
CON EL ALMA DISPUESTA
A AMAR SIN REDES.

EL POEMA PALPITA
PUES ESTÁ VIVO
Y LATE SOBRE EL VÉRTICE
DEL INFINITO.

*EL CAOS RESUCITA
DESDE LAS LETRAS
FECUNDANDO TU ALMA
CON SUS POLEAS.*

47

*Y EL VENENO HACE EFECTO
ENAMORÁNDOTE
Y ENTRE DIÁSTOLE Y SÍSTOLE
SE PARA EL TIEMPO.*

EL GRAN PENTAGRAMA

EL GOTEAR DEL TIEMPO
CREA ARPEGIOS DE OLVIDO
SOBRE EL GRAN PENTAGRAMA
DE LOS MUERTOS Y VIVOS.

LAS GOTAS SON CORCHEAS
ENCADENANDO EL RITMO
Y LOS HUESOS SE AMOLDAN
AL VALS DEL ALBEDRÍO.

APUNTALANDO EL DIQUE
LA MEMORIA ES SILENCIO
QUE RETIENE LAS AGUAS
DE NUESTROS SENTIMIENTOS.

LA MUERTE ES EL CASTOR
QUE ROMPE EL EQUILIBRIO
CUANDO UN TÚNEL CONSTRUYE
QUE CONECTA INFINITOS.

Y FLUIRÁ EL CAUDAL
DEL KARMA DETENIDO,
SE ANEGARÁN RECUERDOS
CON EL LÍQUIDO RÍO.

CREA ARPEGIOS DE OLVIDO
EL GOTEAR DEL TIEMPO
SOBRE EL GRAN PENTAGRAMA
DE LOS VIVOS Y MUERTOS.

ROTACIÓN

AUNQUE NUESTRA VIDA
GIRE INCANSABLEMENTE
SOBRE EL EJE DE LOS CAMBIOS
LA TIERRA SIEMPRE
NOS LLEVARÁ VENTAJA,
PORQUE GIRABA ANTES DE EXISTIR NOSOTROS
Y SEGUIRÁ GIRANDO
CUANDO SE EXTINGA
NUESTRO ÚLTIMO ALIENTO.

A VECES EL SILENCIO

CONLLEVA LA RESPUESTA.

A VECES LO MÁS OBVIO ES EL MEJOR DISFRAZ.

EN OCASIONES VERSAR

ES SOLO LA EXCUSA

PARA QUE SIGAMOS EN CONTACTO.

ME GUSTA IMAGINARTE

COMO UN NÍVEO RELÁMPAGO

QUE UN DÍA SE ATREVIÓ A ILUMINAR

MI ETERNA Y SONRIENTE CALAVERA.

MONÓLOGO DE LA MUERTE IV

OSCURIDAD, TINIEBLAS,

ABISMOS DE SILENCIO ME SEPULTAN.

EL ECO DE MI NOMBRE
SONARÁ
EN LAS OSCURAS GRIETAS
DE LAS TUMBAS.

YO SOY LA ESFINGE IMPERTÉRRITA
QUE VIGILA VUESTROS PASOS
Y QUE CON SU LENGUA BÍFIDA
LAME SOMBRAS Y EPITAFIOS.

EL TABÚ DE PRONUNCIARME
DEGENERA EN CRUDO MIEDO
DONDE HIERVEN VUESTRAS DUDAS
CON MI CENTRÍPETO FUEGO.

VUESTRAS ALMAS DE CENIZA
SE SOSTIENEN CON LA FE,
RESUCITA LA ESPERANZA
DE QUE UN DÍA VENCERÉIS.

PERO YO SOY UNA INCÓGNITA,
UN CIFRADO JEROGLÍFICO,
UN LABERINTO INFERNAL
CON SALVAJES INTERSTICIOS.

DESDE EL DIA EN QUE NACÉIS
SOBREVUELO VUESTRAS AURAS
INSUFLANDO INCERTIDUMBRES
A LA PLACENTA DEL KARMA.

LA SUBLIMACIÓN SE ACERCA,
CADA INSTANTE ES UNA ELIPSE
CON SUS FOCOS SIEMPRE OCULTOS
COMO LA LUZ DE MI ECLIPSE.

EL ALBEDO YA SE EXTINGUE,
YO TE ABRAZO EN LA PENUMBRA
Y ENTRE NUBES DE ENTROPÍA
EL SOLSTICIO MUTA EN LUNA.

MINIPOEMA ESPECTRAL

EN LUGAR DE UTILIZAR EL LÁPIZ
EL FANTASMA ACARICIÓ LAS TECLAS,
ESAS LUNAS CON CARIES OSCURAS
ENTRE ACORDES DE LÍQUIDA ARENA.

Y NACIÓ UN SENTIMIENTO EN EL AIRE
DIBUJANDO DUNAS EN SU ESPALDA,
Y UN OASIS DE ARPEGIOS DE SOMBRA
LE ENTREGÓ SU ELIXIR DE ESPERANZA.

FUNERAL

LATE UNA SOMBRA

ENTRE CATACUMBAS

DE MIEDOS AGRIOS

Y SOLEDADES.

ARDEN LAS ALMAS

EN CAMPANARIOS

CON ECOS LÁNGUIDOS

SOBRE LOS VALLES.

SOGA EN BADAJO

QUE TENSA EL RITMO

DE LAS PLEGARIAS

DE PENITENTES.

LUZ EN VIDRIERA

CREA ARCO IRIS

SOBRE LOS CIRIOS

DE UN SER INERTE.

PENÚLTIMA PARADA.

ME SIGUES PARECIENDO AL ETERNO APRENDIZ DE MAGO QUE QUIERE LEVITAR,

SIN HABER COMPRENDIDO PRIMERO QUÉ ES LA GRAVEDAD.

LA ATRACCIÓN ES LA CLAVE,

LOS OPUESTOS SE ATRAEN

COMO POLOS ANTAGÓNICOS DE UN IMÁN.

SI LA VIDA ES EL NORTE, EN EL SUR ESTOY YO.

SI LA VIDA ES EL ESTE, EN EL OESTE SOY.

YIN Y YAN DE LA RUEDA

GIRANDO SOBRE EL EJE DEL OJO DEL LECTOR...

GÉISER

EL CORAZÓN DEL ÁNGEL
PETRIFICA RECUERDOS,
CENTINELA DE TUMBAS,
NICHOS Y CRISANTEMOS.

SU MIRADA ES ESPADA
DEFENDIENDO EL MISTERIO,
LOS CIPRESES SUSURRAN
EN VERTICALES REZOS.

SUS CABELLOS DESCANSAN
SOBRE LAGOS DE TIEMPO,
LOS PANTEONES GIMEN
AL CONTACTO DEL VIENTO.

LA SOLEDAD ES MUSGO
ANEGANDO LOS BESOS
QUE LA HUMEDAD REPARTE
POR TODO EL CEMENTERIO.

PENTAGRAMAS EN LÁPIDAS
DIBUJANDO SILENCIOS
EN SUCIOS EPITAFIOS
CON MARIMBAS DE HUESOS.

EL CORAZÓN DEL ÁNGEL
SE FORJÓ DESDE EL FUEGO
AZUL DE ESPECTROS FATUOS,
EL GÉISER DE LOS MUERTOS.

LOS HILOS DEL CAOS

SI DIOS ES ETERNO
Y LA MUERTE
TAMBIÉN
BIEN PUDIERA SER
QUE DIOS FUERA MUERTE
Y VIVIR LUZBEL.

SI DIOS ES QUIMERA
Y LA MUERTE
ENGAÑO

BIEN PUDIERA SER
QUE EL AZAR TAÑESE
LOS HILOS DEL CAOS.

OSCURA,
COMO LA SOMBRA DE LOS AHORCADOS.

VISCOSA,
COMO LA SANGRE EN LA GUILLOTINA.

FRÍA,
COMO EPIDERMIS CON HIPOTERMIA.

BÍFIDA,
COMO LA LENGUA DE LAS SERPIENTES.

OSCURA,
VISCOSA,
FRÍA
Y BÍFIDA,

ASÍ ES LA MUERTE.

SONETO FÚNEBRE

LOS CIPRESES SON CIRIOS DE ESPERANZA
CON LLAMAS QUE INCINERAN INFINITOS,
LAS LÁPIDAS SE VISTEN DE ALARIDOS
NACIDOS DE LAS FOSAS DEL MAÑANA.

LAS TUMBAS ESTERCOLAN CON SU SAVIA
CRISANTEMOS DE MUERTE RADIOACTIVOS,
LAS OXIDADAS CRUCES SON CAMINOS
FORMANDO INTERSECCIONES DE LAS ALMAS.

EL CAMPOSANTO EXHALARÁ SU ALIENTO
CON FUEGOS FATUOS SIEMPRE IMPREDECIBLES
PUGNANDO POR SALIR DEL INFRAMUNDO.

CRUJIENDO LAS FALANGES DE LOS MUERTOS
AL RITMO DE LOS HUESOS INVISIBLES
UN RÉQUIEN SONARÁ POR EL FUTURO.

EL ÚLTIMO POEMA

LA MUERTE DIALOGA CON MANUEL

—¿CÓMO PUEDES DECIR QUE YA ES LA HORA?

—*¿ACASO NO ME CREE, DON MANUEL?*

—YO CREO LO QUE VEO ANTE MI PIEL.

—*A VECES LO INVISIBLE NOS DEVORA.*

—QUIERO VOLVER AL MAR...¡LLÉVAME AHORA!

—*IMAGINA UN BARQUITO DE PAPEL.*

—¡YA LO SIENTO! NAVEGO EN MI CORCEL
GALOPANDO LAS OLAS CON MI ESCORA.

—*LA MAREA SERÁ TU COMPAÑERA*
MIENTRAS VIAJAS HACIA LA CATARATA
DONDE LA ESPUMA ES TIEMPO DE CRISTAL.

—SERÁ MEJOR NO ALETARGAR LA ESPERA,
ME INCLINO ANTE LA SOMBRA QUE REMATA
EN LA SÁBANA BLANCA DE TU CAL.

LLEGAMOS AL FINAL DE ESTA AVENTURA.

ESPERO QUE, AL MENOS, HAYAS DISFRUTADO CON ESTA TRAVESÍA. LA PRÓXIMA VEZ QUE NOS ENCONTREMOS SERÁ DE OTRO MODO, QUIZÁS LOS HORIZONTES SE DIVIDAN EN CUADRADOS IGUALES, CON VIENTOS NOCTURNOS O DE NIEVE.

¿HAS PENSADO ALGUNA VEZ QUE LA VIDA ES COMO UNA PARTIDA DE AJEDREZ?

HAGÁIS LO QUE HAGÁIS SIEMPRE ACABO YO DANDO EL JAQUE MATE, Y SIN EMBARGO...

SIN EMBARGO HAY SENDAS INVISIBLES QUE PODEMOS TRANSITAR MIENTRAS JUGAMOS.

SÉ QUE DE MIS PALABRAS QUEDARÁ UNA TENUE VIBRACIÓN EN TUS LÍQUIDAS DUDAS, COMO UNA PIEDRA ARROJADA A LA PLACIDEZ DEL ESTANQUE.

LEE, RELEE MIS ESTROFAS. ACARICIA LAS ONDAS CONCÉNTRICAS QUE DE ELLAS RENACEN.

SIEMPRE EN TUS SUEÑOS:

MORT

PRELUDIOS A LA MUERTE

SERPIENTE INMÓVIL
BURBUJA ÁCIDA
ORGASMO ELÉCTRICO
SALTO SIN RED

ÁRBOL VIBRANTE
RELOJ DE SOMBRAS
CRUZ CARCOMIDA
PEZ ABISAL

ÚLTIMA CIÉNAGA
BESO DE JUDAS
OSCURA MADRE
VIDA SIN FE

CARNE SAJADA
ALMAS DE AZUFRE
TRASTES LIMADOS
DIOS HECHO PAN

TAN SOLO UNA ROSA

HAY POETAS QUE REPELEN A LAS ROSAS,
PIENSAN QUE ESTÁN MUY MANIDAS
PERO NO SE DAN CUENTA
DE QUE AÚN MIRANDO LO QUE TODOS MIRAN
PUEDEN VER COSAS DISTINTAS.
SER ORIGINALES
MIRANDO LA MISMA REALIDAD
ES POSIBLE
PORQUE CADA UNO SENTIMOS
EN DISTINTAS FRECUENCIAS.
EL PROBLEMA ES
QUE NO LO TRANSMITIMOS
Y VAGAMOS POR LA VIDA SIENDO ISLAS
PARA AL FINAL MORIR
LLEVÁNDONOS CON NOSOTROS
FRASES POR DECIR,
ABRAZOS POR DAR,
AMORES ENQUISTADOS,
POR NO TENER CORAJE DE EXPRESARLOS...
MIRA A LA ROSA
DE FRENTE,
SANGRA CON ELLA
CUANDO LA AGARRES,
LA POESÍA
VENDRÁ DESPUÉS
CUANDO MENOS LA ESPERES,
COMO LA VIDA,
COMO LA FE,
COMO LA MUERTE.

ESTRIDENCIA I

¿*CUÁNTO SILENCIO PUEDES SOPORTAR?*

EMPIEZA EL JUEGO...